もくじ

マーマレード・ムーンの　よる

　ゴーテルの　いない、おるすばんちゅうの　よるの　ことです。

　ラプンツェルは　いつもどおり　なんじかんも　かけて　かみを
とかし、えも　かきました。ほんも　よみました。でも、なんども
よみかえした　3さつの　ほんには、もう　あきあき……。

　つまり、とても　たいくつしていました。

「なにか　おもしろいこと、ないかしら。ねえ、パスカル」

パスカルは、うとうとしていました。
「あらあら、もう　おねむなのね」
　そう　いいながら　まどの　そとを　みた
ラプンツェルは、はっと　いきを
のみました。
　「なんて　きれいな　おつきさま！
あまい　マーマレードの　いろだわ」

　その　おつきさまの　まえを、わたりどりたちが　よこぎるのを
みた　ラプンツェルは、はっと　むねを　おさえました。
「いま、おつきさまが　こわい　かおに　みえちゃった」
　そのとき、なにかが　ひらめいたのです。
「ねえねえ　パスカル。わたしたちだけの　ちょっと　こわくて
ドキドキする　おまつりを　かんがえない？ "マーマレード・ムーンの
よる" っていう　おまつりよ。どう？　すてきでしょ!」

ラプンツェルは、てはじめに　ランタンを　つくることに　しました。
とうの　なかを　さがしまわって　みつけた　ざいりょうは……。
　「じゃーん」
　おおきな　スイカでした。

でも、できあがった　ランタンに、パスカルは、ふまんそうです。
「はいはい、とても　じょうできとは　いえないわね」

　そのとき、スイカが　テーブルから　ころがりおち、グシャッと
われてしまいました。ちいさな　パスカルは、おもわず　ビクッ。
　「パスカル、だいじょうぶ？　びっくりさせちゃって、ごめんなさいね。
あらあら、たいへん。だいしっぱいだわ」

「じゃあ、こんどは　ゲームを　しましょうか」
　ラプンツェルは、おおきな　おけに　みずを　いれ、
くだものかごの　なかに　あった　ももを　ほうりこみました。
「これで　よし！ “マーマレード・ムーンを　つかまえろゲーム” よ。
てあしを、つかっちゃ　だめ。くちだけで　ももを　くわえて　とるの」
　パスカルは　ちょっと　くびを　かしげました。そして…… ヒュッ！
ながく　のびる　したで、みごとに　ももを　つかまえました。

「まあ　すごい！　じゃあ、つぎは　わたしの　ばんね」
　ラプンツェルは、おけの　うえに　みを　のりだし、
くちを　おおきく　あけて……アグッ！　もういちど　アグッ！
　プカプカ　にげてしまう　ももを　おいかけて、ついに
ラプンツェルは　おけの　なかに　はいってしまいました。
　でも、やっぱり　ももを　くわえられません。

「ああ、もう　だめ」
ラプンツェルは　とうとう
おけの　なかに
すわりこんでしまいました。

　ふと　みると、おけの　まわりの
みずたまりに、ももが　ころがっています。
　ラプンツェルは　その　うえに
かがみこんで　カプッ！
　やっと　くわえた　ももを　てに　とり、
ラプンツェルは　わらいました。
　「この　ゲーム、かんぜんに
あなたの　かちよ、パスカル！」

パスカルが　おいしそうに　ももを　かじっている　あいだに、
ラプンツェルは　つぎの　だしものを　かんがえました。
そして　クローゼットを　のぞきこみ、「うふふっ」と　わらいました。

「ばあ！　わしは　マーマレード・ムーンの　おばけじゃあ」

　とつぜん　あらわれた　おばけに、パスカルは　びっくりぎょうてん。

かじりかけの　ももを　ほうりだして　かくれてしまいました。

　ラプンツェルは　あたりを　きょろきょろ　みまわしましたが、

パスカルの　すがたは　どこにも　ありません。

　「パスカル、ごめんなさい。ちょっと　やりすぎたわ。

おねがい、でてきて」

　パスカルは、おばけの　しょうたいが　わかって　ほっとしました。
そして、いすの　うしろから　ゆっくり　のっそり……。
　ちょうど　そのとき、いすの　まえに　やってきた　ラプンツェルは、
「きゃーっ!」
　ろうそくの　あかりに　てらしだされた　パスカルの
ギョロギョロめだまに　おどろいて、おもわず　しりもちを　ついて
しまったのでした。

「こわいのは　もう　たくさんね」と、ラプンツェルは　パスカルに
わらいかけました。
　いすに　こしかけ、パスカルの　せなかを　やさしく　なでて
いたとき、また　わたりどりが　つきの　まえを　とんでいきました。
　「あら？　こんどの　おつきさまの　かおは、こわくなかったわ」
　そして、ラプンツェルは　こわくない　すてきな　あそびを
おもいついたのです。

ラプンツェルは　ざいりょうを　あつめました。むらさきいろと
くろの　ぬの、はりと　いとです。さあて、なにを　つくるのでしょう？
「みちゃ　だめよ。すぐ　できるから、まっててね」
そして、パスカルが　うとうと　しかけたとき、
「パスカル、みて！」
その　こえに　ふりかえった　パスカルが　みたのは……

　おおきな　ぼうしを　かぶった、かわいい　まじょでした。

　「まじょは、ほうきに　のって　マーマレード・ムーンの　まえを
とぶのよ。くろい　ねこを　つれてね」

　そう　いうと、ラプンツェルは　パスカルの　あたまに　くろい
ねこみみを　つけました。パスカルが　よろこんだか　どうかは
ともかく、ラプンツェルは　だいまんぞく！

　かがみを　のぞきこんで、「かんぺきね！」と　にっこりしました。

　それは、だれも　しらない　ふかい　もりの、たかい　とうの　うえ。
かわいい　まじょと　ねこみみの　カメレオンは、あまーい　おかしを
かじりながら、"マーマレード・ムーンの　よる"を　おいわいしました。
ふたりきりの　おまつりは、おつきさまが　かたむくまで　つづいたと
いうことです。

ピーター・パン

フックせんちょうを　おどかせ！

　ネバーランドに　ふく　かぜは、きょうも　そよそよ。あたたかくて やさしくて、そらを　とぶ　れんしゅうには　もってこいです。

　ところが……

　「わすれてた！　きょうは　ハロウィーンよ！」

　さけんだ　とたん、ウェンディは　どすんと　じめんに　おちて しまいました。

　ピーター・パンは、ウェンディを　たすけおこしながら　ききました。

　「それって　なに？」

「ちょっと　ふしぎな　おまつりなの」

「カブを　くりぬいて　かおを　つくるんだよ」※

と、わってはいったのは、ジョンです。

　すると、マイケルも　たのしそうに

「そこに　ろうそくを　いれるんだ！」

けれど、ピーターには　ちっとも　ピンと　きません。

「カブに　ろうそく？　ふーん。なんだか　つまらなそうだな」

※もともと　ランタンの　ざいりょうは、カブでした。ハロウィーンが　ヨーロッパから
アメリカに　つたわってから、かぼちゃで　つくられるように　なったのです。

「あら、ハロウィーンには、ゆうれいも　でるのよ！」

　ウェンディが　そう　いうと、ピーターの　めが　キラリ。

「ゆうれいだって!?　ゆうれいなら　だいすきさ！」

　ウェンディは　かおを　こわばらせました。

「でも、すごく　こわいのよ。あんまり　おそろしくて、

コウモリも　ふくろうも　かくれてしまうんだから！」

　これには　さすがの　ピーターも、

「うわあ。ほら　みて。とりはだが　たっちゃったよ」

と、ちょっと　みぶるいして　いいました。

かくれがに　もどっても、ハロウィーンの　はなしは　おわりません。
「そうそう。このひ、こどもたちは　いたずらを　しちゃうの。
こわい　おはなしを　きかせてもらったりも　するわ」
　ピーターは　みを　のりだしました。
「へえ、どんな　はなし?」

「パパに　きいたのは、『のろわれた　カブ』の　おはなし。
わたし、その　ばん、こわい　ゆめを　みちゃったわ」
　すると、ピーターは　なにやら　つぶやきはじめました。
　「いたずらに、こわい　はなし。それに　ゆめねえ、ふんふん……」

とつぜん、ピーターは　ぴょんと　とびあがりました。

「よし　きめた！　フックせんちょうに、ハロウィーンの
いたずらを　しかけるぞ！」

そして、まいごたちの　ハンモックの　したから、シーツと
ふるびた　かいぞくの　ぼうしを　ひっぱりだしたのです。

ピーターは、いいました。

「これで　オールド・シードッグの　ゆうれいに　ばけるんだ」

「だれですって？」

　そんな　なまえ、ウェンディは　きいたことも　ありません。

「だれよりも　ざんこくで　おそろしい、でんせつの　かいぞくだよ。
オールド・シードッグの　ゆうれいが　でたら、フックせんちょうの
やつ、きっと　ガタガタ　ふるえだすぞ！」

ピーターは　シーツを
ゆらめかせ、ひくい　こえで
うめきました。
　「ううううう……。
おまえを　ゆうれいせんに
さらっていくぞー」
　ウェンディは、ぶるっと
ふるえました。
ピーターだと　わかっていても
おそろしかったのです。
　「よーし、じゃあ　いくよ!」

29

　ウェンディたちは　ティンカー・ベルに　ようせいの　こなを
ふりかけてもらい、ピーターの　あとに　つづいて　とびあがりました。
　かいぞくせんの　うえでは、フックせんちょうが　ゆううつそうに
つぶやいていました。
「なんだか　いやな　よるだな」
　その　ようすに、ピーターは　おもわず　ニヤリ。

そこへ、「せんちょう!」

よびかけたのは、てしたの　スミーです。

「な、なんだ、スミーか。おどかすな!」

フックせんちょうの　ひたいには、ひやあせが　うかんでいます。

「すみません。いやあ、なんだか　ぶきみな　よるでやんすね」

そのときでした。「うううう……」

フックせんちょうの　うしろから　うめきごえが　きこえたのです。

フックせんちょうは、こえを　ふりしぼって　さけびました。

「そ、そこに　いるのは、だれだ!?」

「ふっふっふ。おれだよ。オールド・シードッグさ」

そして、しろい　ものが　フックせんちょう　めがけて　とんで
きたのです。しおかぜに　はためく　その　すがたの　ぶきみなこと!

「たたた、たすけてくれ〜!」

フックせんちょうは、スミーを　おきざりにして　にげてしまいました。

「だいせいこうだったね」

「ほんと。フックせんちょうったら、こしを　ぬかしそうだったわ」

ウェンディたちは　おおわらいしながら　かえりました。

ふと　きづくと、ピーターの　すがたが　ありません。

「ピーターったら、どこへ　いっちゃったのかしら?」

そのとき、もりに　かぜが　スーッと　ふきぬけました。そして……

「キャー!」「うわあー!」「こ、こっちへ　くるなー!」

　ウェンディと　おとうとたちは、いっせいに　ひめいを　あげました。
どうたいの　ない、くびだけの　ばけものが　とびだしてきたのです。
しかも、ぶきみに　ニヤニヤ　わらっています!

「わーい、ひっかかった　ひっかかった！」

おおわらいしながら、やみの　なかから　あらわれたのは、

ピーターでした。その　てに　カブを　ぶらさげて！

「ぼく、ハロウィーンが　すっかり　すきに　なっちゃったよ！」

ウェンディは、おこるのも　わすれて　つい　わらってしまいました。

「こんなに　いたずらが　じょうずだなんて、さすが　ピーターね」

ミッキー
&フレンズ
ミッキーの　おとまりかい

「プルート、ぼく　いいこと　おもいついちゃった！」

　ミッキーの　あかるい　こえに、プルートは　みみを　ピンと
たてて　「ワン！」と　こたえました。

　「あさから　ずっと　あめで、そとでは　あそべなかっただろう？
だから、こんやは　みんなを　よんで　おとまりかいを　しよう！」

　ミッキーは、さっそく　なかまたちに　でんわを　かけはじめました。

ふりしきる　あめの　なか、
ミニーと　デイジーと
ドナルドが　とうちゃくしました。
　「あたたかい　ココアを　つくって
きたわ。もちろん、ココアに
うかべる　マシュマロもね！」
　「わあ、すてきだね　ミニー。
さむい　よるに　ぴったりだ！」
　ミッキーは　みんなを
だんろの　まえに　あんない
しました。
　「あら、グーフィーは？」
デイジーが　たずねると、
ミッキーは　カップに　ココアを
そそぎながら　こたえました。
　「ようじが　あって
こられないんだって。ざんねんだね」

　みんなは、ねぶくろの　うえで　ココアを　すすりはじめました。

　そとでは　つよくなった　かぜが　きぎを　ゆらし、

ときおり　いなずまが、やみを　きりさくように　ひかっています。

　ミッキーは　いいました。

「こんな　よるに　ぴったりの、こわーい　おはなしを

きかせてあげるよ」

　ミッキーは　あかりを　けして、おはなしを　はじめました。

ある　むらに、まじゅつしを　めざす　わかものが　いました。むらの　みんなに　わらわれても　まじめに　しゅぎょうを　つづけたわかものは、とうとう　ものを　けす　まほうを　みにつけました。

　ところが、むらびとたちは　「いんちきに　きまっている」と　いってしんじません。

　まじゅつしは　はらを　たてました。そして　ひとりの　むらびとをけしてしまったのです！

　「おれは　にんげんを　けせる！」

その　よろこびに　とりつかれた
まじゅつしは、むらびとを
ぜんいん　けしてしまいました。

　いまも　かれは、
けしさる　にんげんを
さがして、あちこち
さまよいあるいて
いるのです……。

　バタン！

「キャーッ!」

　みんなを　おどろかせたのは、とっぷうに　あおられた　げんかんの
ドアでした。その　かぜで、だんろの　ひも　きえてしまいました。

　「だいじょうぶ。ただの　かぜだよ!」

そう　いって　あかりを　つけようとした　ミッキーは、

おやっと　くびを　かしげました。

　「あらしで、ていでんに　なってしまったようだよ。
かいちゅうでんとうを　とってくるから、ちょっと　まっててね」

けれど、ミッキーが　もってきたのは、ろうそくでした。

「かいちゅうでんとうが　みつからなかったんだ」

すると、ふと　あたりを　みまわした　デイジーが　さけびました。

「プルートが　いない！ねえ、でんきを　とめたのは

まじゅつしかも　しれないわよ。プルートは　けされちゃったんだわ！」

そのとき、ギギーッ。

ちかしつに　つうじる　ドアが　おとを　たてて　ひらき……。

フワーッ。

　へやに　はいってきた　しょうたいふめいの　ものに、
みんなは　いっせいに　ひめいを　あげました。

　ドナルドは　「おばけだ！」と　さけび、
デイジーは　「まじゅつしよ。わたしたちを　けしに　きたんだわ」と
ミニーに　しがみつきます。

すると　しろい　ぬのが　はらりと　おち、プルートが　すがたを
あらわしました。くちに　かいちゅうでんとうを　くわえています。
　「なーんだ、プルートか！　ちかしつから　かいちゅうでんとうを
とってきてくれたんだね」
　デイジーは　プルートを　だきしめました。
　「ぶじで　よかったわ！　まじゅつしに　けされてしまったかと
おもって、しんぱいしたのよ」

みんな、こわい　はなしは　もう　こりごりでした。

「ねえ、かいちゅうでんとうを　つかって　かげえを　しない?」

そう　ていあんしたのは、ミニーです。

そして　まず　ドナルドに、「こんな　ふうに　してみて」と

ゆびの　くみかたを　おしえました。

ドナルドが　ゆびを　くみ、ミッキーが　ひかりを　あてると……
「わあ、カメだ！」
　　ドナルドは　かんせいを　あげました。ゆびを　うごかすと、
カメの　あたまや　あしが　うごいて、まるで　いきているようです！
「じゃあ、デイジーは　こうして。そう、それで　いいわ！」

すると、こんどは　ウサギが　あらわれたでは　ありませんか！
ドナルドと　デイジーは、ミニーが　かたる　「ウサギと　カメ」の
おはなしに　あわせて　かげえを　うごかしました。
そして、ものがたりが　クライマックスに　さしかかった　ときでした。
またもや　げんかんの　ドアが　バタンと　ひらき……

そこに　おおきな　くろい　すがたが！

ピカッ！　バリバリバリ！

いなずまに　うかびあがる
おそろしい　かげは、
「もう　にげられないぞ」と　ばかりに
でぐちを　ふさいでいます！

ドナルドは、ふるえる　こえで
さけびました。

「ま、ま、まじゅつしだ！」

ミッキーと　プルートは
ゆうきを　ふるい、まっくろな　かげに
かいちゅうでんとうを　むけました。

はたして、その　しょうたいは……!?

48

なんと、それは　ポンチョを　きた　グーフィーだったのです。

「おとまりかいに　きたくて、いそいで　ようじを　すませたんだ」

ほっとした　ミニーが、

「こわい　おはなしに　でてくる　まじゅつしかと　おもっちゃった」

そう　うちあけると、グーフィーは　ゆかいそうに　わらい、

「こわい　おはなしなら　ぼくも　しってるよ! ききたい?」

すると、みんなは　いっせいに　こたえました。

「ききたくない!」

グーフィーは　ギターを　かかげて　いいました。

「じゃあ、うたは　どう?」

もちろん、みんな　だいさんせいです!

そして、ひを　おこした　あたたかな　へやで、ミッキーと

なかまたちは　こえを　あわせて　なんきょくも　うたいました。

プルートも　「ウォウ　ウォウ」ってね!

いつしか、そとの　かぜと　かみなりも　しずかに　なっていました。

しばらくすると、

「ふわあっ」　ドナルドが　あくびを　ひとつ。すると、あくびは

みんなに　うつりました。だれもが　ねぶくろに　もぐりこみ、

たちまち　ねいきを　たてはじめます。

　それを　みとどけた　ミッキーも、「おやすみ。いい　ゆめを……」と

つぶやき、やさしい　あまおとを　ききながら　ねむりに　つきました。

はじめての　かそうぶとうかい

　それは、さわやかな　あきの　ひの　ごごの　こと。

しずかに　ほんを　よんでいた　シンデレラの　もとへ、

めしつかいの　プルーデンスが　やってきました。

　「おとなりの　くにの　つかいの　ものが、いま　これを……」

　それは、うつくしい　きんいろの　こばこでした。

　「まあ、なにかしら?」

はこの　なかには、あかい
リボンを　まかれた　てがみが
ありました。
　てがみを　よむ　シンデレラの
ひとみが　かがやくのを　みて、
　「なんて　かいてあるの?」
そう　たずねたのは、
シンデレラの　だいの　なかよし、
ねずみの　ジャックです。
　「しょうたいじょうよ。
おとなりの　くにで、かそう
ぶとうかいを　ひらくんですって!
かわった　いしょうを　きて、
なにかに　なりきるの。そんな
ぶとうかい、わたし　はじめてだわ。
どんな　いしょうを　きようかしら」
　ところが……

「まあ、たいへん。かそうぶとうかいは　あしたの　よるよ。
どうしましょう、きていく　いしょうが　ないわ」
　すると、ジャックと　ガスが　いいました。
「しんぱい　ないよ、シンデレラ。ぼくたちが　いるじゃない！」
「てつだってあげるよ！」

　シンデレラたちは、さっそく　いしょうべやへ　いきました。

　シンデレラの　クローゼットには、すばらしい　ドレスや　ぼうし、

くつも　ほうせきも　いっぱい!　けれど、かそうぶとうかいに

きていけるような　いしょうは、いっちゃくも　ありません。

　でも、おやおや?　ジャックと　ガスは　よゆうしゃくしゃくですよ。

「なるほど」「だいじょうぶ、なんとか　なるさ!」

「シンデレラ、これを　きてみて。
ぼうしには……　よし、これを　つけよう!」
　ガスは　あれこれ　えらんで　シンデレラに　きせました。
そして　あたまに　かざりを　のせ、あしを　みどりいろの
リボンで　ぐるぐるまきに　すると、
　「できあがり。ほら、きれいな　おはなに　へんしんさ!」
　ガスは　すっかり　ごきげんです。
　けれど　シンデレラは、かがみに　うつった　じぶんの
すがたに　びっくり。
　「すてきよ。でも……　ちょっと　ちがう　きが　するの。
それに　あしが　きゅうくつで、いっぽも　あるけないわ」

　ジャックが　えらんだのは、フリル　いっぱいの　しろい　ドレスに
フワフワの　ボレロ、しろい　はねの　ぼうしと　かめんです。
　「ええと、わたしは　いったい　なにに　なったのかしら?」
とまどう　シンデレラに、ジャックは　むねを　はって　こたえました。
　「もちろん、まっしろな　くもだよ!」
　「そうね、ふう……。でも、これも　ちょっと　ちがうわ」

シンデレラは　けっしんしました。

「いい　かんがえが　あるの。でも、ひとりでは　できないわ。

おねがいよ　ジャック、ガス。てつだってちょうだい」

　シンデレラと　ねずみたちは、さっそく　しごとに　かかりました。

できあがった　いしょうに　きがえると、

シンデレラは　かがみの　まえで　くるっと　ひとまわり。

　「どうかしら?」

　ジャックと　ガスは、おもわず　ほーっと　ためいきを　もらし、

　「ちょうちょが　とんでいるみたいだ……」

　「うん、かんぺきだよ　シンデレラ」

　けれど、ひとつ　ざんねんな　ことが　ありました。

チャーミングおうじは、いま　とおい　くにへ　でかけていて、

かそうぶとうかいに　しゅっせきできないのです。

シンデレラは　ねずみたちに　いいました。

「あなたたちに、てつだってくれた　おれいが　したいの。

どうかしら、わたしと　いっしょに　ぶとうかいに　きてくれる?

いしょうも　つくるわ。あなたたちに　ぴったりのをね!」

「シンデレラと　かそうぶとうかいに　いけるの?」「わーい!」

ジャックと　ガスは　おどりあがって　よろこびました。

したくの　できた　シンデレラに、プルーデンスは　うっとり。
「なんて　うつくしい　ちょうちょなのでしょう!
　　　あらまあ!　いもむしさんたちも
　　　かわいらしいこと!」
　　　そして、3にんを　えがおで
　　　おくりだしました。
　　　「たのしい　ひとときを
　　　　おすごしくださいます
　　　　ように」

かそうぶとうかいは、おおにぎわいでした。とりに　けもの、そして
さかな……。だれもが　くふうを　こらしていて、シンデレラの
いしょうは、とびぬけて　めだつものでは　ありません。
　けれど、シンデレラの　きもちは　はずんでいました。ともだちと
いっしょに　てづくりした　いしょうが、ほこらしかったのです。

そのうえ、いま　かたの　うえには、その　ふたりの　ともだちが！
「すてきな　おんがくだね！」「ねえ　おどろうよ、シンデレラ！」
　ジャックと　ガスに　うながされ、シンデレラは　ふたりを　かたに
のせたまま　くるり　ふわりと　おどりだしました。その　すがたは、
ひらひらと　まう　ちょうちょ　そのものです。

　かえりの　ばしゃに　ゆられながら、シンデレラは　ねずみたちに
やさしく　かたりかけました。
　「こんやは　ありがとう。いっしょに　いられて　うれしかったわ」
　ジャックと　ガスに　とっても、それは　おなじでした。ふたりは
この　しあわせな　いちやを、けっして　わすれないでしょう。

モンスターズ・インク

いちねんで いちばん こわい ひ

　クローゼットの　ドアから　とびだした　こわがらせやの　サリーは、
「ガオーッ!」と　ほえかけて、「ん?」と　こえを　ひっこめました。
そして、クローゼットの　ドアの　むこうがわに　よびかけました。
　「おーい、マイク!　こどもの　ベッドが　からっぽだぞ」
　マイクも　モンスター・シティから　やってきて、「へんだな」と
くびを　かしげました。

　そのとき、モンスター・シティでは ── 。サリーと　マイクの　ドアの
まえを、こわがらせやの　ジョージが　とおりかかりました。ジョージは
ドアの　ランプを　みあげ、あいぼうの　チャーリーに　いいました。
「マイクの　やつ、ドアの　でんげんを　きりわすれてるぞ」
「ほんとだ。しごとちゅうなら、ドアが　あいている　はずだもんな」
　そして、ジョージは　ドアの　でんげんを　きってしまいました。

モンスター・シティに　もどろうとした　サリーは、クローゼットの
ドアを　ふりかえって　ぎょっとしました。
　「ドアの　でんげんを　きられちまった！　これじゃ　もどれないぞ」
　こうなったら、そとから　ほかの　いえを　まわり、モンスター・
シティに　つうじている　クローゼットを　さがすしか　ありません。

「いいか　サリー、にんげんは　どくだ。ぜったい　さわるなよ」

　ようじんしながら　そとに　でた　ふたりは、いっしゅん　めを
うたがいました。そこらじゅう　モンスターだらけでは　ありませんか。

　そのとき、サリーの　うしろで　キャキャッと　いう　こえが……。

　ふりかえると、ちいさな　モンスターが　サリーを　ゆびさし、
「その　コスチューム、さいこう!」と　さけんで　はしりさったのです。

　コスチューム?　いったい　なんの　ことでしょう?

　そのとき、ふたりは　しょうげきの　シーンを　もくげきしました。
モンスターの　あたまの　したから、こどもの　かおが
あらわれたのです！
　「マイク、ありゃ　ぬいぐるみを　きた、にんげんの　こどもだ」
　「まいったな。とにかく、こどもべやの　クローゼットを　さがそう。
たしか、ジョージも　このへんで　しごとを　している　はずだ。
ジョージを　みつけて、いっしょに　モンスター・シティに　もどろう」

でも、それは　かんたんな　ことでは
ありませんでした。だって、あっちも
こっちも　こどもだらけ。そのうえ
いえの　まえには　おとなたちまで
いるのです！

なんけんめかの　いえに　しのびこんだとき、サリーと　マイクは
とうとう　ジョージを　みつけました。まさに　いま、クローゼットに
もどろうと　しています。
　「ジョージ！」「まままっ、まって！」
　けれど、ふたりの　こえは　とどかず、クローゼットの　ドアは
めのまえで　パタンと　とじてしまいました。

けれど、がっかりしている　ひまなど　ありません。

「いそげ。つぎの　いえだ！」「おう！」

　そして　ふたりは、げんかんが　あけっぱなしに　なっている
いえを　みつけました。

「やったぜ。さあ、いくよ　サリー！」

　なかに　はいると、おくの　ほうから　にぎやかな　はなしごえが
きこえます。ざんねんながら、るすでは　なかったようです。

そのとき、ひとりの　おとこのこが　ふたりに　むかって
はしってきました。サリーと　マイクは　おもわず
じりじり　あとずさり……。きづくと、いつのまにか
パーティーの　かいじょうに　ふみこんでいたのです。

「その　ハロウィーンいしょう、すごく　カッコイイね！」
サリーが　おとこのこに　そう　いわれた　とき、
ふたりは　ようやく　きづきました。
「そうか、きょうは　ハロウィーンだったんだ！」

「ほんとだ、フワフワだね。さわらせて！」
　ちいさな　おんなのこの　てが　ふれそうに　なった　しゅんかん、
サリーの　きょうふが　ばくはつしました。
「ギャー！　やめろー！」
　その　こえと　すがたの　おそろしいこと　おそろしいこと！
こどもたちは　びっくりして　いちもくさんに
にげだしました。

　サリーと　マイクは、くたびれきった　からだを　ひきずって
こどもべやの　クローゼットの　まえまで　やってきました。
　「なあ　マイク、この　ドアの　むこうが　モンスター・シティだって
いう　かのうせいは　どれくらい　あるんだろう?」
　「かのうせいは　めちゃくちゃ　ひくいな。だけど、あけてみるしか
ないだろ?　よし、じゃあ　あけるよ。いち、にの、さん!」
　カチャッ。

その　しゅんかん、ふたり　あわせて　みっつの　ひとみは、
パッと　かがやきました。
　「モンスター・シティだ！」「やったぞ！」
　ふたりは　クローゼットの　ドアを　ぬけて　とびだしました。

　ジョージは、サリーと　マイクに　あやまりました。

　「ごめんよ。もう　うちに　かえったのかと　おもって、ぼくが
ドアの　でんげんを　きってしまったんだ」

　サリーは　わらいました。「いいさ。おかげで、モンスターにとって
いちばん　こわい　ひを　おぼえたよ。もう　にどと　わすれない」

　そして　マイクと　こえを　あわせて　いいました。

　「そいつは、ハロウィーンだ！」

ふしぎの国のアリス

ハッピー　ホエロウィーン！

　アリスは、あきかぜの　ふく　かじゅえんを　さんぽしていました。
ひとびとは、ハロウィーンの　ために　りんごを　つみとっています。
ハロウィーンには、みずに　うかべた　りんごを　くちで　くわえる
"りんごとりゲーム"を　たのしむ　ならわしが　あるのです。
　そのとき、どこか　とおくから　ふしぎな　こえが……。
「ウィー、フゥー」

こえに　みちびかれるように　すすんでいくと、

ひときわ　おおきな　りんごの　きが　ありました。

こえは、その　ねもとに　あいた　あなから　きこえてきます。

　アリスは、あなの　おくに　むかって　よびかけました。

　「だれか　いるの?」

　すると　それに　こたえるように、また　こえが　しました。

　「ハウ、ディー、フゥー」

　しりたがりやの　アリスは、もう　がまんできません。

まよわず　あなの　ほうへと　あしを　ふみだすと……

　「キャー!」

　ふかい　あなの　なかを、ひゅーんと　おちていきました。

すとんと　おちた　ばしょ——アリスは　そこを
しっていました。まえにも　きたことが　あったのです。
　そして、あの　さけびごえは、おなじみの　おかしな　ふたり
——いかれぼうしやと　さんがつうさぎの　こえでした。
　ふたりは、かわるがわる　わめきつづけていました。
「フゥー、ディー、フゥー！」
「ウィー、ハァー！」
　アリスは　ふたりの　まえに　すすみでました。
「いったい　なにごとなの？」
　すると、ふたりは　ようやく　アリスに　きづきました。

いかれぼうしやは　きげんよく　こたえました。

「おたがいに　ほえあって、ホエロウィーンを　いわっているのさ」

アリスは　あきれてしまいました。

「ホエロウィーンじゃなくて、ハロウィーンでしょう?」

　でも　いかれぼうしやは　しらんかお。さんがつうさぎと　やかましく
ほえあっていたかと　おもうと、アリスに　むきなおって　いいました。

「さあ、きみが　ほえる　ばんだ」

「いいえ。ごめんだわ！」 アリスは　ことわりました。「せんせいも　おっしゃっていたもの。むやみに　さけんだりしては　いけませんって」

　すると、いかれぼうしやが　まじめな　かおで　いうのです。

　「おいおい、きょうは　ホエロウィーンだぞ！ ほえるのは　だいじな　ならわしじゃないか」

　だいじな　ならわしと　きき、アリスは　こまってしまいました。

「しかたがないわね。じゃあ、こうかしら? ハウ、ディー、フゥ」
「だめだめ」 いかれぼうしやは いいました。「ちゃんと ほえろ!」
アリスは おおきく いきを すいこみ、「ハウ、ディー、フゥー!」
「よし、わるくないぞ!」 「うん、じょうできだ!」
でも アリスは、やっぱり これは にがてだわと おもいました。
「ねえ、ホエロウィーンに ほかの ならわしは ないの?」

「もちろん　あるとも！　アイスクリームとりゲームだ」

とくいげな　いかれぼうしやに、アリスは　いいかえしました。

「それを　いうなら、りんごとりゲームでしょう？」

すると　いかれぼうしやは、「はん！　りんごとりなんて、つまらん！」

そう　いって、さっそく　アイスクリームを　みずに　うかべました。

　さんがつうさぎは　みずに　かおを　つっこんで　アイスクリームを

はなで　すくいあげ、げらげら　わらいました。

「ふーん。それじゃ、ほかの　ならわしは？」

「ケーキに　かおを　ほる。ほら、こうしてな」

　いかれぼうしやは、ケーキを　スプーンで　つついて

かおを　ほりあげると、それを　ぱくりと　たべてしまいました。

　そして、こんどは　こう　いいました。

「さあて、トーストばなしの

じかんだ」

すると、ティーポットから　ねむりねずみが　とびだしました。
そして　キイキイごえで　へんてこな　ことを　しゃべりはじめました。
どうやら、しを　ろうどくしているようです。

「ドゥードル　ドゥードル、たべたいのは　ヌードル

　ヌードル　ないから、トースト　たべとる

　ジャム　ちょいと　のせて、トースト　たべとる」

ねむりねずみが　ろうどくを　おえると、アリスは　はくしゅを
しました。アリスは、れいぎただしい　おんなのこなのです。
　でも、つい　ほんとうの　ことを　いってしまいました。
「いい　しだけど、ちっとも　ハロウィーンらしく　ないのね」
　すると、いかれぼうしやは　あたまを　ふりました。
「いっただろう？　きょうは　ホエロウィーンなんだって」
　アリスは、おかまいなしに　いいました。

「ハロウィーンには、トーストばなしなんか　きかないの。
きくのは、ゴーストばなし。ゆうれいの　おはなしよ」
　すると、さんがつうさぎが　アリスの　うしろを　ゆびさして、
きゅうに　ガタガタ　ふるえだしたのです。
　「ゆうれいって、いきなり　あらわれる　こわい　やつかい？
ちょうど　いま、そこに　うかんでるみたいな……」

　ふりかえった　アリスは、

「キャー!」と　さけびごえを　あげました。

　そこには、あやしく　ひかる　きいろい　めが!

　いかれぼうしやと　さんがつうさぎは　テーブルの　したに

もぐりこみ、ねむりねずみは　ティーポットに　ひっこんでしまいました。

けれど、アリスは　きづいたのです。

「この　めなら、しってるわ。チェシャねこ、あなたね!」

すると、きいろい　めの　まわりに、チェシャねこの　ふとった
からだが　あらわれました。

「へへへ。ちょいと　こわがらせようと　おもってね。
きょうは　ハロウィーンだからな!」

テーブルの　したから　はいだした　いかれぼうしやは　いいました。

「こわい　ハロウィーンより、ホエロウィーンの　ほうが　たのしいぞ」

アリスも、うなずきました。いまの　できごとが、こわかったからです。

それに、さんがつうさぎと　いっしょに　ほえてみると、なんだか

ゆかいに　なってきたのでした。

「フゥー、　ディー、フゥー！　ホエロウィーン　おめでとう！」

絵：ディズニー・ストーリーブック・アートチーム
訳・文：大畑　隆子
カバー・本文デザイン：うさぎ出版
校正：くすのき舎

ディズニー ハロウィーン ストーリーズ

©2018 Disney Enterprises, Inc.
編集・発行／株式会社うさぎ出版

発売元／株式会社永岡書店
〒176-8518 東京都練馬区豊玉上1-7-14
TEL 03 (3992) 5155

ISBN978-4-522-43653-0 C8076